Dedicatoria de la autora:
Para Malcolm

Dedicatoria de la ilustradora:
Para Ana y Kate

Guillermo Jorge Manuel José

Escrito por Mem Fox   Ilustrado por Julie Vivas

EDICIONES EKARE

Había una vez un niño llamado
Guillermo Jorge Manuel José.
¿Y saben? Ni siquiera era un niño muy grande.

Su casa quedaba al lado de un hogar para ancianos
y conocía a todas las personas que vivían allí.

Le gustaba la Señora Marcano que por las tardes tocaba el piano.

Y también el Señor Tancredo que le contaba cuentos de miedo.

Jugaba con el Señor Arrebol que era loco por el beisbol.

Hacía mandados para la Señora Herrera que caminaba con un bastón de madera.

Y admiraba el Señor Tortosa Escalante que tenía voz de gigante.

Pero su amiga favorita era la Señorita Ana Josefina Rosa Isabel
porque tenía cuatro nombres igualito que él.
La llamaba Señorita Ana y le contaba todos sus secretos.

Un día, Guillermo Jorge Manuel José
escuchó a su papá y a su mamá
hablando de la Señorita Ana.

–Pobre viejecita –dijo su mamá.
–¿Por qué es una pobre viejecita? –preguntó Guillermo Jorge.
–Porque ha perdido la memoria –dijo su papá.
–Lo que no es raro –dijo su mamá–. Después de todo,
tiene noventa y seis años.
–¿Qué es una memoria? –preguntó Guillermo Jorge.
–Es algo que se recuerda –contestó su papá.

Pero Guillermo Jorge quería saber más.
Fue a ver a la Señora Marcano que tocaba el piano.
–¿Qué es una memoria? –preguntó.
–Algo tibio, mi niño, algo tibio.

Fue a ver al Señor Tancredo que le contaba cuentos de miedo.
–¿Qué es una memoria? –le preguntó.
–Algo muy antiguo, muchacho, algo muy antiguo.

Fue a ver al Señor Arrebol que era loco por el beisbol.

–¿Qué es una memoria? –le preguntó.

–Algo que te hace llorar, jovencito, algo que te hace llorar.

Fue a ver a la Señora Herrera

que caminaba con un bastón de madera.

–¿Qué es una memoria? –le preguntó.

–Algo que te hace reír, mi cielo, algo que te hace reír.

Fue a ver al Señor Tortosa Escalante que tenía voz de gigante.

–¿Qué es una memoria? –le preguntó.

–Algo precioso como el oro, niño, algo precioso como el oro.

Entonces, Guillermo Jorge regresó a su casa
a buscar memorias para la Señorita Ana,
porque ella había perdido las suyas.

Buscó las viejas conchas de mar
que hacía tiempo había recogido en la playa
y las colocó con cuidado en una cesta.

Encontró la marioneta que hacía reír a todo el mundo
y también la puso en la cesta.

Recordó con tristeza la medalla que su abuelo le había regalado
y la puso suavemente al lado de las conchas.

Luego, encontró su pelota de fútbol, que era preciosa como el oro,
y por último, camino de la Señorita Ana, pasó por el gallinero
y sacó un huevo calientico de debajo de una gallina.

Entonces, Guillermo Jorge se sentó con la Señorita Ana
y le fue entregando cada cosa, una por una.

"Qué niño tan querido y extraño que me trae
todas estas cosas maravillosas", pensó la Señorita Ana.

Y comenzó a recordar.

Sostuvo el huevo tibio en sus manos
y le contó a Guillermo Jorge de los huevos azules
que una vez encontró en el jardín de su tía.

Acercó una concha a su oído
y recordó el viaje en tren a la playa, hace muchos años,
y el calor que sintió con sus botines altos.

Tocó la medalla y habló con tristeza de su hermano mayor
que había ido a la guerra y no había regresado jamás.

Se sonrió con la marioneta
y recordó la que ella le había hecho a su hermana pequeña
y cómo se había reído con la boca llena de avena.

Le lanzó la pelota a Guillermo Jorge
y recordó el día en que lo conoció
y los secretos que se habían contado.

Y los dos sonrieron y sonrieron,
porque la memoria de la Señorita Ana
había sido recuperada por un niño
que tenía cuatro nombres
y ni siquiera era muy grande.

Traducción: Gabriela Uribe

Doceava edición, 2004

© texto, Mem Fox
© ilustraciones, Julie Vivas
© 1988 Ediciones Ekaré

Edif. Banco del Libro, Av. Luis Roche, Altamira Sur,
Caracas 1062, Venezuela · www.ekare.com

Publicado por primera vez en inglés por Omnibus Books, Australia, 1984
Título del original: *Wilfrid Gordon McDonald Partridge*

ISBN 980-257-051-6
HECHO EL DEPÓSITO DE LEY · Depósito Legal lf1511998800758
Impreso en Caracas por Gráficas Acea